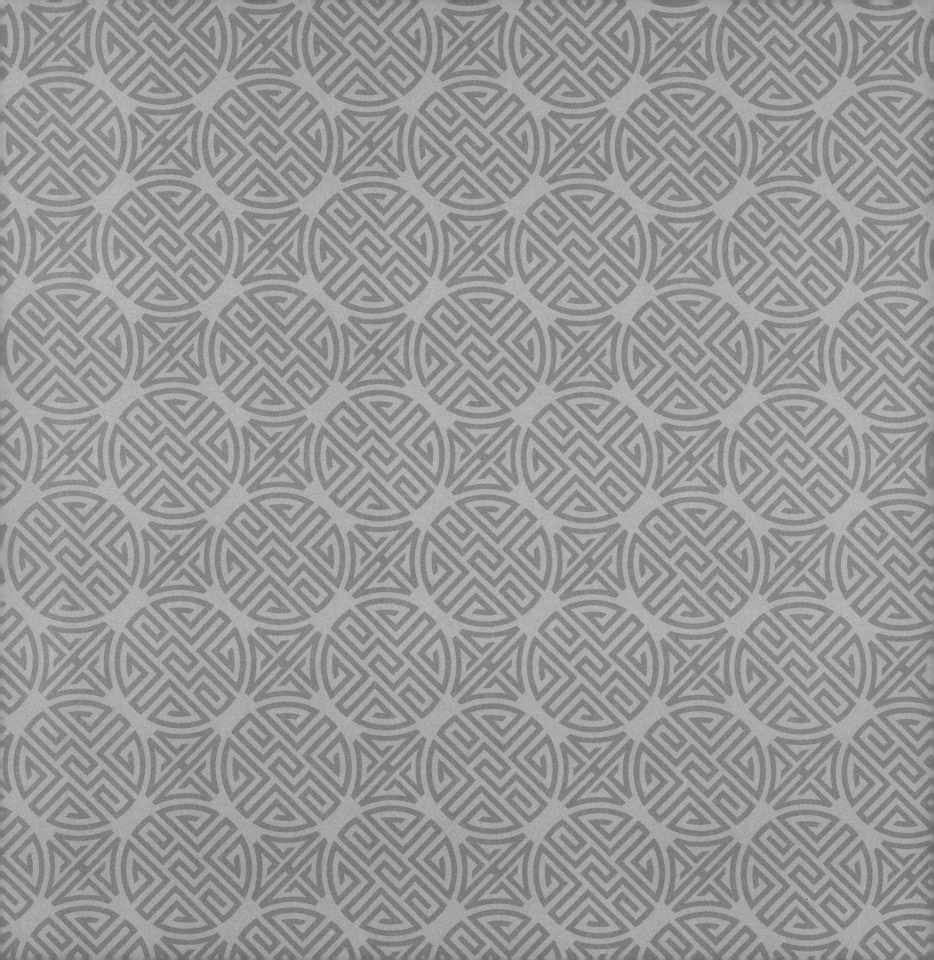

TO:
PARA:

....

FROM:

DE:

....

UNA PERRITA CON UN
GRAN CORAZÓN -BILINGÜE

GoBi

A LITTLE DOG
WITH A BIG HEART
-BILINGUAL

Dion
LeonaRd

ILUSTRADO POR LISA MANUZAK
ILLUSTRATED BY LISA MANUZAK

Editora en Jefe/Editor in Chief: *Graciela Lelli*
Traducción/Translation: *Belmonte traductores*
Adaptación del diseño al español/Design adaptation in Spanish: *Mauricio Diaz*
Ilustraciones/Illustrations: *Lisa Manuzak*

ISBN: 978-1-4185-9951-5 (audiobook)
ISBN: 978-0-7180-9880-3 (eBook)
ISBN: 978-0-71809-875-9 (HC)

Impreso en China
Printed in China

23 24 25 26 27 DSC 6 5 4 3 2
Mfr: DSC / Dongguan, China / April 2023 / PO # 12200436

*To all dog lovers: no matter where life takes you,
your dog will always be there for you.*

• • •

*Para todos los amantes de perros: no importa donde la vida te lleve,
tu perro estará siempre allí para ti.*

STRETCH!

The little dog stretched her legs and sighed. It was hard to live all alone in the blazing hot Gobi Desert.

Maybe today I'll find a friend, she thought hopefully.

Just then a strange noise in the distance made her ears perk up. *I'm going to chase that noise*, the curious dog decided.

She took off, racing across the sandy dunes.

¡ESTIRA!

La perrita estiró las patas y dio un suspiro. Era difícil vivir sola bajo el ardiente calor del desierto de Gobi.

Quizá hoy encontraré un amigo, pensaba llena de esperanza.

Justamente entonces, un extraño ruido en la distancia hizo que sus orejas se espabilaran. *Voy a perseguir ese ruido*, decidió la curiosa perrita.

Se levantó y emprendió la marcha, corriendo por las dunas de arena.

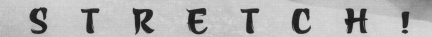

S T R E T C H !

A man named Dion stretched his strong leg muscles and checked his supplies one last time. He and hundreds of others were getting ready to run a race across the Gobi Desert that took seven days to complete. He had trained long and hard and was ready to go.

POP!

The starting gun fired.
Dion took off, racing across the sandy dunes.

¡ E S T I R A !

Un hombre llamado Dion estiraba los fuertes músculos de sus piernas y revisaba sus provisiones una última vez. Él y otros cien corredores se estaban preparando para correr una carrera por el desierto de Gobi que tomaría siete días terminar. Se había entrenado duro por mucho tiempo, y estaba listo para salir.

¡POP!

Sonó el tiro de salida.
Dion despegó, corriendo por las dunas de arena.

THUMP-THUMP-THUMP-THUMP-THUMP!

The ground shook beneath the dog. And then she saw the most amazing sight—friends! So many friends. And they were even playing chase!

The wind blew back her ears, and her paws sent sand flying behind her. She was going to catch them!

¡BUM-BUM-BUM-BUM-BUM-BUM!

El terreno se sacudió debajo de la perrita. Justamente en la cresta, vio la escena más asombrosa: ¡amigos! Muchos amigos. ¡Y estaban jugando a perseguirse!

El aire movía sus orejas hacia atrás, y sus patas levantaban la arena a sus espaldas. ¡Iba a alcanzarlos!

Dion focused on the trail ahead as he ran. "Always look forward," he said to himself. "Never look back."

That's what he told himself every race. That's what he needed to do to win.

He looked down and to his surprise, there was a little dog running beside him.

• • •

Dion se enfocaba en el camino que tenía por delante mientras corría. «Mira siempre adelante», se decía a sí mismo. «Nunca mires atrás».

Eso es lo que se decía a sí mismo en cada carrera. Eso es lo que necesitaba hacer para ganar.

Bajó la vista y, para su sorpresa, había una pequeña perrita corriendo a su lado.

"RUFF-RUFF!"

The dog barked and gave him a doggy smile. She liked the sound of his voice. This was the best game of chase she had ever played!

Could this man be my friend? She kept running beside him.

«¡GUAU-GUAU!»,

ladró la perrita, y le mostró una sonrisa canina. Le gustaba el sonido de su voz. ¡Ese era el mejor juego de persecución que ella había jugado jamás!

¿Podría este hombre ser mi amigo? Ella siguió corriendo a su lado.

The temperature was 49 °C (120 °F), and Dion was so thirsty! He gulped down some water, and it trickled down his chin and splashed onto his shirt.

"You must be thirsty too!" He knelt beside the panting pup and poured water into his cupped hand. She was thirsty too!

•••

La temperatura era de 49 °C (120 °F), ¡y Dion tenía mucha sed! Dio unos tragos de agua, que chorrearon por su barbilla y salpicaron su camiseta.

«¡Tú también debes de tener mucha sed!». Se arrodilló al lado del cachorro que resollaba y puso agua en su mano ahuecada. ¡Ella también tenía sed!

The racers kept running—through the sandy dunes, up the rocky slopes, under the burning sun. The dog's legs were short, but she ran fast to keep up with Dion.

"I THINK I'LL CALL YOU GOBI,"

Dion said to her, "because you are as tough as the Gobi Desert!"

"Yip-yip!" Gobi barked in agreement. She ran ahead, then circled back to her friend, barking playfully as she encouraged him too.

•••

Los corredores seguían corriendo por las dunas de arena, subiendo las cuestas rocosas, bajo el ardiente sol. Las patas de la perrita eran cortas, pero ella corría rápido para seguir el ritmo de Dion.

«CREO QUE TE LLAMARÉ GOBI»,

le dijo Dion, «¡porque eres tan fuerte como el desierto de Gobi!».

«¡Yip-yip!», le ladró Gobi mostrando acuerdo. Ella se adelantaba, y después regresaba en círculos a su amigo, ladrando juguetonamente mientras también le daba ánimos.

The race was so long that the tired runners camped in tents along the trail at night.

CHOMP. CRUNCH. CHEW. The racers filled their growling tummies with the small food supplies they had in their packs.

La carrera era tan larga, que en la noche los cansados corredores acampaban en carpas situadas a lo largo del camino.

ÑAM–ÑAM–ÑAM. Los corredores llenaban sus estómagos vacíos con las pocas provisiones de alimentos que tenían en sus mochilas.

"Uh-oh." Dion looked down at Gobi. "I didn't bring extra food . . . but I can't let you go hungry." He gave her a small piece of jerky, and she gobbled it right up.

Soon other runners were sharing with Gobi too! A bite of granola, a little more jerky, a piece of dried fruit. *This tastes much better than eating bugs in the desert*, Gobi thought.

• • •

«Oh-oh». Dion miró a Gobi. «No traje comida extra... pero no puedo dejar que pases hambre». Le dio un pequeño pedazo de cecina, y ella se lo devoró enseguida.

¡Poco después otros corredores también daban comida a Gobi! Un poco de cereal, un poco más de cecina, un pedazo de fruta deshidratada. *Esto sabe mucho mejor que comer insectos en el desierto,* pensó Gobi.

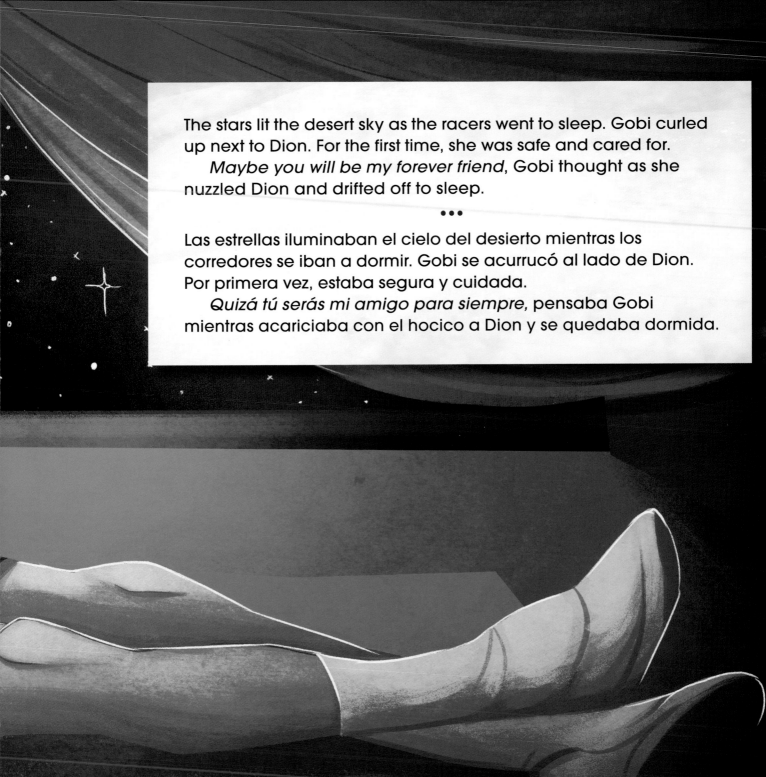

The stars lit the desert sky as the racers went to sleep. Gobi curled up next to Dion. For the first time, she was safe and cared for.

Maybe you will be my forever friend, Gobi thought as she nuzzled Dion and drifted off to sleep.

• • •

Las estrellas iluminaban el cielo del desierto mientras los corredores se iban a dormir. Gobi se acurrucó al lado de Dion. Por primera vez, estaba segura y cuidada.

Quizá tú serás mi amigo para siempre, pensaba Gobi mientras acariciaba con el hocico a Dion y se quedaba dormida.

The two friends continued racing together. One day the course went through a rushing river. Dion ran into the waist-deep water as it splashed and pushed against him.

"Arf, arf!" Gobi whimpered from the shore. Oh, no, she thought. My friend is leaving. And the water is too deep and rough for me.

"WOOF, WOOF!" PLEASE COME BACK!

Big puppy tears filled her eyes. Dion was almost gone.

•••

Los dos amigos siguieron corriendo juntos. Un día, el recorrido atravesaba un río caudaloso. Dion corrió hasta estar con el agua a la cintura, la cual salpicaba y lo empujaba.

«¡Guau, guau!», llorisqueaba Gobi desde la orilla. *Oh, no*, pensó. *Mi amigo se va; y el agua es demasiado profunda y fuerte para mí.*

«¡GUAU, GUAU!». ¡POR FAVOR, REGRESA!

Grandes lágrimas perrunas llenaron sus ojos. Dion ya casi se había ido.

"Oh, no. Where's Gobi?" Dion asked himself, realizing she was not with him.

He broke his own rule and looked back to see Gobi pacing the shore and barking for him. He had a hard decision to make. He could keep going to win the race, or he could go back to get his friend.

"I'm coming, Gobi!" He rushed back to shore and scooped her up in his arms. "We're a team," Dion told Gobi.

"I WON'T LEAVE YOU BEHIND!"

...

«Oh, no. ¿Dónde está Gobi?», se preguntó Dion al darse cuenta de que no estaba con él.

Rompió sus propias reglas y miró atrás, viendo a Gobi ir de un lado a otro en la orilla y ladrándole. Tenía que tomar una difícil decisión. Podía seguir adelante para ganar la carrera, o podía regresar para recuperar a su amiga.

«¡Ya voy, Gobi!». Regresó apresuradamente a la orilla y la cargó en sus brazos. «Somos un equipo», le dijo Dion a Gobi.

«¡NO TE DEJARÉ ATRÁS!».

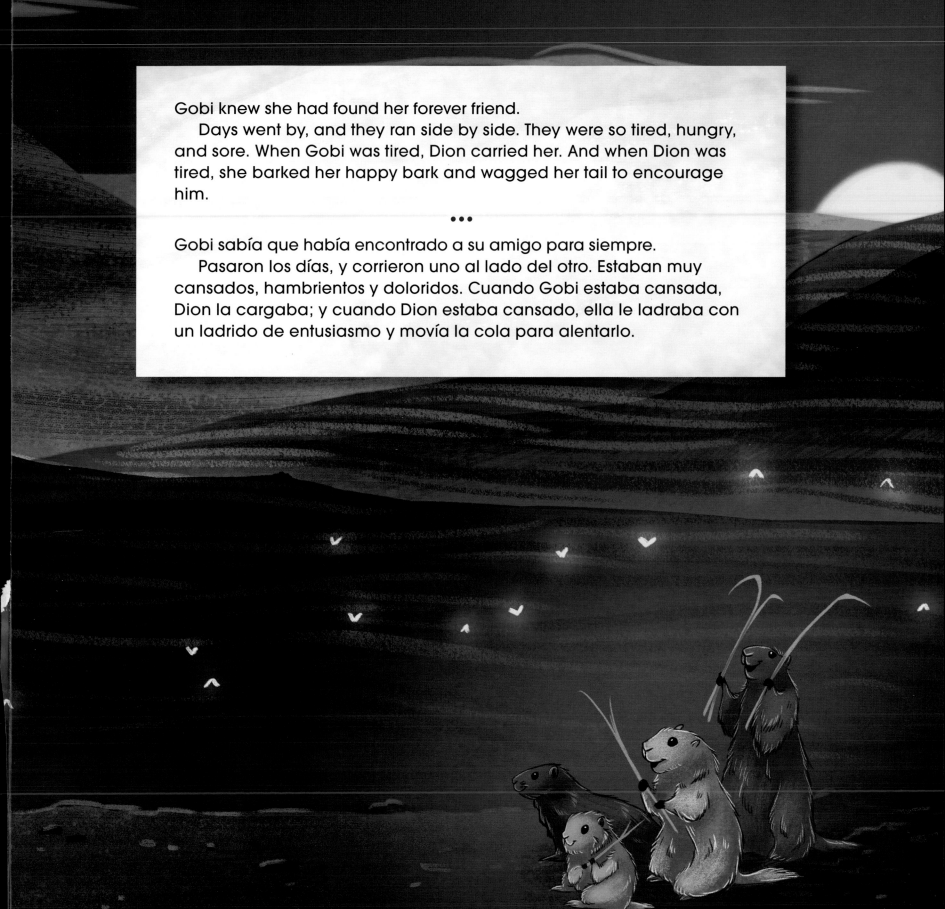

Gobi knew she had found her forever friend.

   Days went by, and they ran side by side. They were so tired, hungry, and sore. When Gobi was tired, Dion carried her. And when Dion was tired, she barked her happy bark and wagged her tail to encourage him.

• • •

Gobi sabía que había encontrado a su amigo para siempre.

   Pasaron los días, y corrieron uno al lado del otro. Estaban muy cansados, hambrientos y doloridos. Cuando Gobi estaba cansada, Dion la cargaba; y cuando Dion estaba cansado, ella le ladraba con un ladrido de entusiasmo y movía la cola para alentarlo.

"I see it, Gobi! I see the finish line!" The blazing sun made it sparkle in the distance.

Closer, closer, closer.

They crossed the finish line together, and the people cheered wildly!

Dion and Gobi each received a shiny medal. They knew they earned more than medals, though. They had each earned a friend for life.

•••

«¡La veo, Gobi! ¡Veo la línea de meta!». El sol abrasador hacía que resplandeciera en la distancia.

Más cerca, más cerca, más cerca.

Cruzaron juntos la línea de meta, ¡y la gente no dejaba de vitorear!

Dion y Gobi recibieron una brillante medalla cada uno. Sabían, sin embargo, que habían ganado algo más que medallas. Habían ganado un amigo para toda la vida.

AUTHOR'S NOTE

As I play with Gobi in the winter snow in Edinburgh, Scotland, I think back to that promise I made to bring her to the UK six months earlier. This incredible journey started when I met Gobi, a stray dog, on day two of a seven-day, 155-mile race in the Chinese desert, and we formed an unbreakable bond. This was tested when Gobi later went missing in Urumqi, a massive city of three million people. A huge search party scoured the streets looking for this tiny dog that they had never seen. We eventually found Gobi and moved her to Beijing, where we would both live for four months together to ensure there were no further hiccups during the quarantine process. Finally driving into Edinburgh with Gobi by my side was a proud moment for me to know that she was going to have a wonderful new life.

Of course, there was still one final hurdle to jump, and that was Lara, my cat. My wife, Lucja, and I were nervous as we introduced them. At that first meeting between the two, Gobi watched me as I petted Lara, showing Lara the same love and care I show her. This must have been when Gobi realized Lara was now her friend too. Watching them now chasing a tennis ball together in the lounge room or sleeping next to each other, it's amazing to see how much they already love each other.

Gobi's life has changed forever. Mine too, but I wouldn't change a thing. I found my Gobi.

UNA NOTA DEL AUTOR

Mientras juego con Gobi en la nieve del invierno en Edimburgo, Escocia, mi mente regresa a esa promesa que hice seis meses atrás de traerla al Reino Unido. Este increíble viaje comenzó cuando conocí a Gobi, una perrita callejera, el segundo día de una carrea de 7 días y 240 kilómetros (150 millas) en el desierto de China, y formamos un vínculo inquebrantable. Eso fue probado cuando Gobi se perdió más adelante en Urumqi, una ciudad inmensa de 3 millones de personas. Un gran grupo de búsqueda recorrió las calles buscando a esta pequeña perrita a la que nunca habían visto. Finalmente encontramos a Gobi y la llevamos a Beijing, donde ambos vivimos durante cuatro meses juntos para asegurarnos de que no hubiera más dificultades durante el proceso de cuarentena. Finalmente, conduciendo hasta Edimburgo con Gobi a mi lado, fue un momento de orgullo para mí saber que ella iba a tener una nueva vida maravillosa.

Aunque seguía habiendo un obstáculo final que vencer, y era Lara, mi gata. Al presentarlas, mi esposa Lucja y yo estábamos nerviosos. En ese primer encuentro entre las dos, Gobi me observaba mientras yo acariciaba a Lara, mostrando a Lara el mismo amor y cuidado que le mostraba también a ella. Debió de haber sido entonces cuando Gobi entendió que ahora Lara era también su mejor amiga. Al verlas a las dos persiguiendo una pelota de tenis juntas en la sala o durmiendo la una al lado de la otra, es asombroso ver cuánto se quieren ya.

La vida de Gobi ha cambiado para siempre. La mía también, pero yo no cambiaría nada. Encontré a mi Gobi.